MÉMOIRES SECRETS

DE

MICHEL EYRAUD

UN CRIME CÉLÈBRE

MÉMOIRES SECRETS DE MICHEL EYRAUD

Avec portraits

D'EYRAUD & DE GABRIELLE BOMPARD

Sa Jeunesse — Ses Maîtresses — Son Mariage — Ses Voyages — Sa Ruine — Gabrielle Bompard — Remy Launée — L'Huissier Gouffé — Le Crime de la rue Tronson-Ducoudray — Voyage à Lyon — La Malle de Millery — Le Tour du Monde d'un Assassin — A la Havane — Guet-apens — L'Enlèvement de Pepa — La Belle-Margot — Les agents Gaillarde et Soudais — Retour en France.

PARIS
LIBRAIRIE POPULAIRE ILLUSTRÉE
5, Rue Furstenberg, 5
EN VENTE CHEZ TOUS LES LIBRAIRES
1890

EYRAUD

MÉMOIRES SECRETS DE MICHEL EYRAUD

PREMIÈRE PARTIE

En 1876, mourait au château de Cizeron, près Narbonne, M. Eyraud, le père de Michel Eyraud, dont s'occupe aujourd'hui la curiosité publique.

En mourant, M. Eyraud dont la vie, toute de travail, s'était passée à amasser une fortune qui permît aux siens de vivre honorablement, laissait une veuve et deux enfants. Michel avait à cette époque vingt-neuf ans, et déjà sa vie était remplie d'aventures et aurait pu suffire à cette époque à fournir le texte d'un roman, laissant loin derrière lui tout ce que l'imagination d'un conteur peut inventer.

Cependant il n'avait pas encore glissé jusqu'au dernier degré de l'échelle sociale. Il était déserteur, mais sa désertion, faute grave, n'était cependant qu'un délit; pour en arriver au crime, il a fallu le développement en lui des passions bestiales arrivées à leur paroxysme et la connaissance fatale d'une fille, à l'influence de laquelle il ne sut se soustraire dès qu'elle eut réussi à s'emparer de son esprit. Michel, engagé aux chasseurs à pieds, commença la campagne du Mexique; soldat ordinaire, il eût accompli son congé sans incidents si la jupe d'une femme n'était venue pour la première fois l'entraîner et lui faire oublier ses devoirs de soldat; oubliant dans les bras d'une Juanita quelconque qu'il avait l'honneur d'appartenir à l'armée, il abandonna son poste, laissa ses compagnons marcher à l'ennemi, disparut...

Nous le retrouvons à Paris : il a pu se procurer de l'argent; avec des promesses il a arraché à la faiblesse maternelle une somme assez considérable qui lui permet de monter une maison pour la vente des cuirs. Intelligent, polyglotte (il parle l'anglais, l'italien, l'espagnol, le portugais), il pouvait certainement réussir dans son entreprise. Ses goûts le portèrent à la fréquentation de personnes dont les occupations, pour commerciales qu'elles étaient, n'avaient pas le moindre rapport avec les affaires sérieuses. Les bals publics, les cafés concerts, les mauvais lieux, les tripots clandestins étaient volontiers plus fréquentés par Eyraud que le marché aux cuirs ; le résultat ne se fit pas attendre, les clients de plus en plus rares désertèrent tout à fait une maison dont le chef était constamment absent ; si ce ne fut pas la faillite, ce fut une liquidation désastreuse; il fallut chercher autre chose.

Au milieu de ce semblant de vie régulière, Eyraud eut la fantaisie du mariage.

Pour le malheur de la pauvre femme qui porte son nom, il vint à cet irrégulier l'idée d'avoir un ménage, une famille ; de cette union naquit une fille, pauvre enfant, victime aujoud'hui de la triste célébrité qui s'attache au nom qu'elle porte, seule consolatrice de cette autre victime, la mère.

Avant son mariage, Eyraud avait beaucoup voyagé, il tenta la fortune successivement en Angleterre, en Belgique, en Hollande, la pourchassa jusque dans l'Amérique du Sud.

La fortune, bien que femme, ne répondit pas aux avances d'Eyraud ; il avait pour s'en consoler des succès féminins nombreux, dont plusieurs lui laissèrent des souvenirs longs à s'effacer de sa mémoire.

Citer le nom de toutes les femmes qui s'éprirent de lui, séduites par sa carrure athlétique, qui leur laissait à supposer une force musculaire peu commune, nous semblerait déplacé ici, et nous avons hâte au surplus d'arriver à la partie la plus dramatique de cette existence agitée, de montrer côte à côte la femme fatale,

Gabrielle Bompard, le criminel par amour, Michel Eyraud.

Revenu en France, marié, sans ressources à la suite de la déconfiture de sa maison de commerce, Eyraud se mit à fréquenter cette tourbe d'agents d'affaires véreux qui pullule dans les dessous du Paris commercial, embusquée derrière les cartons qui garnissent les louches offices où viennent se prendre les malheureux clients aux abois, la veille d'une échéance ; dans lesquels tombent affolées de pauvres femmes sous le coup de poursuites pour un billet non payé. Entre temps, ce monde des affaires sans nom trafique des denrées les plus hétéroclites, vins avariés, farines moisies, cafés falsifiés, tout ce que la détérioration condamne au rebut est racheté à vil prix, truqué, paré, remis en vente. Il y a des courtiers pour ce genre de commerce, Eyraud se lia d'abord avec eux, devint des leurs. C'est dans ce monde qu'il fit la connaissance bientôt intime de Rémy Launée ; c'est par lui qu'il connaîtra Gouffé, on retrouvera plus loin ce personnage à la place qu'il occupe dans le drame de la rue Tronson-Ducoudray.

Lancé dans le monde des affaires que nous venons d'indiquer, Eyraud vécut tant bien que mal, plutôt mal que bien, poursuivant deux idées, les dominantes chez lui : faire des dupes, — faire des femmes. Il rencontra une dupe, il trouva la femme.

Dans une de ses nombreuses stations au café, quelqu'un présenta à Eyraud un commanditaire qui consentait à mettre des fonds à sa disposition pour l'exploitation d'une distillerie. M. Joltrois, un honnête homme fourvoyé dans cette caverne de fauves fournit à Eyraud une somme qu'il ne devait jamais revoir, suffisante pour l'exploitation de cette nouvelle affaire. Derrière la distillerie se dissimula un trafic d'escompte à des taux inimaginables, un chantage organisé savamment, dont le produit fut peut-être considérable, mais ne faisait que passer entre les mains d'Eyraud, allait à de plus rusés que lui, ceux dont il n'était que le prête-nom en ces sortes d'affaires, entre autre Rémy Launée. Cette existence durait depuis quelques années lorsque apparut Gabrielle Bompard. De taille exiguë, les extrémités petites, grassouillette, le regard effronté, le nez au vent, la bouche toujours ouverte dans un rire continuel, écervelée, folle, cette fille au tempérament ardent des brunes englua Michel par des débordements de passion qui lui parurent la réalisation de son idéal féminin.

Savante, experte en choses d'amour, éprise elle aussi, elle communiqua à Eyraud, déjà bien préparé et facile à entraîner, cette fièvre passionnelle qui l'amena à commettre pour elle, pour satisfaire ses goûts de luxe, de dépenses, le crime dont elle devait plus tard se faire la dénonciatrice !

Eyraud perdit avec elle ce qui lui restait de sens moral, oublia dans ses bras ses derniers devoirs, et pourtant il n'ignorait pas l'ignominie de cette fille, toujours prête à se livrer au premier passant pour un peu d'argent, pour le plaisir, pour rien,

Quand elle lui revenait chaude encore de caresses, les cordons de ses jupes mal rattachés, le corset ragrafé à la hâte, ses cheveux teints en désordre, aux envies de l'étrangler, de mettre fin à ce martyre qu'il endurait, succédait chez Eyraud une brutale idée de possession immédiate de sa maîtresse.

Perverse au-delà de toute idée, Gabrielle consentait, et tous deux se roulant dans cette fange s'accouplaient en balbutiant les mots ignobles du vocabulaire ordurier que la fille employait pour développer encore la furieuse passion de son amant.

— J'ai eu bien des maîtresses, mais toi seule jusqu'ici a su me rendre complètement heureux, lui avouait-il à la suite de ces scènes orgiaques.

Fière de cet aveu, sûre de la puissance de sa domination, Gabrielle ne se gênait avec Eyraud ni pour le tromper, ni pour exiger de lui tout l'argent qu'il lui était possible d'en tirer. Il lui faisait bien un peu peur, cet athlète aux épaules massives, aux bras noueux, aux mains nerveuses, capable de l'étouffer dans un spasme de jouissance dans lequel sa raison eût sombré ; malgré cela, malgré cette peur continuelle d'être la victime de sa passion, qui ajoutait un piment à tant d'autres, elle jouait de lui comme d'un instrument docile.

Presque toutes les sommes gagnées dans les louches affaires de la distillerie furent dispersées par ses mains prodigues. L'argent filait en parties dans les restaurants de nuit, dans des courses dans la banlieue, en compagnie galante ; on les vit à Asnières, fréquentant assidûment le casino, à Joinville-le-Pont, à Bougival, stations balnéaires qui retentissent encore des exploits de Gabrielle comme barreuse.

Eyraud oubliait son ménage, sa famille, et dans le logis désert, au foyer glacial s'asseyaient deux femmes, soumises à la dure existence que leur faisait le mari et le père, n'ayant dans l'âme aucune idée de révolte, rien qu'un sentiment de grande pitié pour celui qui, elles l'espéraient du moins, leur reviendrait un jour, guéri et repentant.

La distillerie n'existait plus, Eyraud retomba dans la misère, plus que jamais décidé à tout tenter pour s'enrichir rapidement. L'idée d'un crime le hantait, dans son exaspération ; réussir à s'emparer d'une fortune, même par l'assassinat, fuir ensuite avec Gabrielle, se dérober aux poursuites de la justice, disparaître aux yeux de tous ceux qui l'avaient connu, pour jouir avec sa maîtresse du produit du crime ; telle fut l'idée fixe dont il devint peu à peu la proie.

La vie qu'il menait à Paris commençait à lui peser ; puis une fois riche, il espérait que Gabrielle lui appartiendrait à lui seul ; ne la quittant plus, il pourrait désormais la maintenir sous sa domination, fallût-il pour cela employer les menaces, la terroriser. En attendant, l'idée du meurtre encore confuse dans son cerveau enfiévré, sans projets définis, il vécut de bribes arrachées à la rapacité des chasseurs d'argent dont il était le rabatteur. Une affaire, menée à bien, lui rapportait quelques louis vite engloutis, fondus au creuset de la fantaisie de Gabrielle Bompard; mais tout cela était insuffisant, et la fille semblait se lasser d'une existence aussi précaire.

Il y eut un temps d'arrêt, une sorte d'essai de retour à la vie régulière; Eyraud trouva une représentation qui lui permettait de vivre honorablement, qui pouvait le sauver de l'effroyable gouffre où il glissait, si sa nature pervertie ne l'avait entraîné jusqu'au bout.

Puis, pour cet amateur de femmes, de plaisir charnel poussé jusqu'à l'aberration, l'idée d'une séparation d'avec Gabrielle était un supplice; sans elle que devenir! Comme il l'avoua depuis, elle était pour lui la plus capable de toutes les femmes qu'il avait jusqu'alors possédées.

— Toutes les femmes que j'ai connues ne valent pas encore Gabrielle. En voilà une qui connaît son affaire avec les hommes. Ah! la garce!

Cet hommage sadique, rendu à la salacité de la fille, semblerait prouver chez Eyraud une profonde atteinte cérébrale; il apparaît chez le meurtrier une sorte d'irresponsabilité qui pourrait servir à lui conserver sa tête malade. Dans tous les cas, il fut certainement victime de sa passion brutale, qui l'amena à commettre le crime qui devait lui fournir les moyens de conserver auprès de lui celle « *qui connaissait si bien son affaire avec les hommes* ». Eyraud nous semble frappé de satyriasis, et avoir depuis longtemps perdu dans les bras de sa maîtresse la notion exacte des choses morales et intellectuelles.

L'IDÉE DU CRIME

Encore une fois, et pour cause, la fortune a dédaigné les avances de Michel Eyraud; cette fois, il s'agit de banqueroute, les créanciers spoliés un peu trop brutalement, sont furieux et poursuivent le représentant de commerce. C'est la fin, il faut aviser, et cela rapidement.

L'idée du crime a germé, poussé, sans que le choix de la victime soit fait cependant; peu importe, il suffit qu'elle soit facile à dévaliser...

Eyraud prit ses précautions. Appelé en Angleterre pour le règlement d'une affaire urgente, il installa, en rentrant, Gabrielle dans une chambre d'hôtel de la rue de Prony; elle passait pour une pianiste, sous le nom de mademoiselle Labordère. Ce nom est le même sous lequel Eyraud louera, presque en même temps, l'appartement meublé de la rue Tronson-Ducoudray.

A Londres, il avait acheté dans Easton-Road la malle qui devait contenir les restes de la victime qu'il lui restait à choisir. M. Swantziger, malletier, reconnut la malle qu'il avait vendue à Eyraud dans les premiers jours de juillet.

Rue de Prony, Gabrielle vivait seule, ne recevant que de courtes visites d'Eyraud; elle occupait ses journées à la confection du sac dans lequel Gouffé fut enfermé après avoir été étranglé; rarement on l'apercevait dans la maison. Elle semblait se dissimuler, ne sortant que pour aller prendre ses repas dans le voisinage. Elle resta rue de Prony du 21 au 24 juillet, l'avant-veille du crime.

LE CHOIX D'UNE VICTIME

Eyraud, enfiévré, à bout de ressources, avait repassé dans sa mémoire toutes les personnes qu'il pouvait supposer facilement dévalisables; le hasard le mit en présence d'un ami de Launée, l'huissier Gouffé, assis en sa compagnie à la terrasse d'un café. Eyraud connaissait l'huissier, savait par Launée sa vie galante de veuf riche, en quête d'amours faciles, libéral avec les femmes lorsqu'il était satisfait; Gouffé avait vu Gabrielle en sa compagnie, peut-être était-il du nombre des passants auxquels la fille s'abandonnait de si bonne grâce? A l'aide d'un rendez-vous on pouvait attirer l'huissier dans un guet-apens, et là en tirer tout ce qu'il serait possible d'en tirer; il fallait aller jusqu'au bout, il n'était plus possible d'hésiter, Michel saurait avoir le courage d'accomplir son œuvre.

GUET-APENS

Le 26 juillet 1889, Eyraud, décidé au meurtre, vint avec Gabrielle Bompard se poster au boulevard Poissonnière, dans le trajet suivi par Gouffé pour se rendre de son domicile, situé rue Rougemont, 13, à son étude d'huissier, 148, rue Montmartre.

Pendant le déjeuner, Eyraud avait donné à Gabrielle les instructions qu'elle devait suivre.

— Tu resteras sur le trottoir du boulevard Poissonnière, à l'angle de la rue Montmartre ; dès que tu apercevras Gouffé, tu te dirigeras vers lui, n'oublie rien de ce que je t'ai dit; tu te souviens?

— Parfaitement, nons nous sommes lâchés et j'ai pris un autre amant.

— C'est cela, moi j'ai aussi à lui parler, je vais devant.

Eyraud avait à préparer Gouffé et à lui indiquer l'adresse de Gabrielle Bompard, rue Tronson-Ducoudray. Il était certain que lorsque l'huissier la saurait libre il tenterait de se l'approprier.

Comme Gouffé débouchait sur le boulevard, Eyraud l'accosta.

Après une causerie insignifiante :

— Ah! dites donc, s'écria Michel, en tenez-vous toujours pour la petite Bompard?

— Moi? pourquoi cela? répondit l'huissier, qui ne jugea pas à propos de se découvrir.

— Mais, mon cher, c'est que je viens de la lâcher, qu'elle est libre et que si vous voulez la voir et l'avoir, elle demeure maintenant rue Tronson-Ducoudray, numéro 3, ainsi...

— Oh! ma foi non! pas comme cela, tout de suite.

Gouffé n'éprouvait pas le besoin de se confier à Eyraud, dont il connaissait la nature douteuse; puis, comme officier ministériel, il éprouvait une certaine répugnance au contact de ce failli, sur le point d'être déclaré banqueroutier. Eyraud était trop compromis pour que Gouffé pût lui confier ses projets galants, comme à un camarade; ils se séparèrent sur la phrase ambiguë de l'huissier qui continua sa route, tomba devant Gabrielle qui l'attendait.

— Tiens ! Quel hasard ? Je quitte Eyraud....

— Eyraud ? Par où allait-il ?

Gabrielle jouait la comédie de l'inquiétude.

— Je ne veux pas me rencontrer avec lui, nous nous sommes quittés et je ne tiens pas à le revoir.

— Tu as peut-être raison, petite, mais ne crains rien, il filait du côté de la Bastille... Eh bien ! Tu es donc veuve ? Si j'allais te consoler ; hein ? Qu'en dis-tu ?

Gabrielle semblait hésiter.

— Je veux bien, mais... c'est assez difficile, je n'ai plus de domicile en ce moment, je couche chez une amie, et...

Gouffé éclata d'un rire railleur.

— Blagueuse ! Ne mens donc pas. Eyraud m'a donné ton adresse, j'irai te voir ce soir, vers huit heures, rue Tronson-Ducoudray, numéro 3. Suis-je bien renseigné ?

— En effet ! Eh bien soit, venez, je vous attendrai !

Tout heureux, l'huissier partit en chantonnant, c'était

l'heure des ventes par autorité de justice, l'heure des affaires, en attendant celle des amours !

— Eh bien ? demanda Eyraud lorsque Gabrielle l'eut rejoint.

— L'affaire est dans le sac, répondit celle-ci.

Elle ne savait peut-être pas si bien dire ; malgré cela un sourire indéfinissable vint sur ses lèvres en prononçant ces paroles. Eyraud tressaillit à cette plaisanterie atroce.

— Rentre chez toi et attends-moi, je suis appelé chez le syndic de ma faillite, je serai rue Tronson-Ducoudray vers cinq heures.

LA FIÈVRE DU CRIME.

Dans l'après-midi, Eyraud revint chez Gabrielle, il avait loué dans la maison ou le crime devait s'accomplir, un rez-de-chaussée meublé, comme en installent les tapissiers pour les femmes galantes qui foisonnent dans le quartier de la Madeleine.

En rentrant il se mit à l'ouvrage. Décrochant une des doubles portières qui séparaient l'antichambre de la chambre, il l'étendit dans l'alcove, près du lit, puis il planta dans le mur un énorme clou recourbé ; avec deux poulies et une corde dont il s'était muni, il installa une sorte de potence. Au bout de la corde, graissée avec du savon, il fit un nœud coulant ; aidé de Gabrielle il enleva les sièges, ne laissant qu'un canapé ; dans le cas d'une lutte, le bruit des meubles renversés pouvait attirer l'attention, ce danger fut supprimé.

Pnndant ce long travail, Michel avait la fièvre, ses mains formidables tremblaient, ses yeux s'égaraient, par instant des lueurs rouges passaient devant sa vue, la troublait, la fièvre du crime s'était emparée de lui, Gouffé sonna....

LE CRIME

— Va ouvrir, commanda Michel à la fille Bompard, qui s'était étendue sur le canapé dans un déshabillé provocant.

Gouffé entra ; Eyraud s'était glissé derrière une portière, la corde en mains, prêt à se jeter sur l'huissier, lui passer la corde autour du cou, l'étrangler....

Parcourant la chambre du regard, Gouffé s'écria :

— Tu déménages ou tu emménages ? C'est drôle qu'il n'y ait ici que ce canapé.

— Cela suffit, fit en riant Gabrielle, et si vous voulez bien y prendre place....

Gouffé se laissa aller sur le siège près de Gabrielle, qu'il attirait sur ses genoux.

— Ah ! petit démon ! Tu sais, je te fais compliment d'avoir lâché ce....

Un cri suprême, un hoquet d'agonie l'empêche d'achever sa phrase : le nœud coulant enserrait sa gorge, l'étranglait. D'un effort brusque il, essaya de se retourner. Ses yeux rencontrèrent ceux d'Eyraud, les deux hommes étaient effrayants à voir ; l'assassiné tentait une suprême résistance, inutile, essayait d'échapper à l'assassin qui venait de se précipiter sur lui pour l'achever, terminer de ses mains noueuses l'œuvre fatale commencée par la corde. Bientôt la victime ne bougea plus, elle était inerte, morte, une bave sanguinolente lui rougissait les lèvres, dans la face noire, les yeux pleins d'épouvantement, regardaient... Gabrielle, affaissée sur le canapé, à demi-évanouie, tremblait de tous ses membres, secouée par la terreur de la scène à laquelle elle venait d'assister. C'était pour elle, pour pouvoir la garder encore et toujours auprès de lui que le misérable venait de commettre ce crime! C'était pour pouvoir goûter dans ses bras de nouvelles joies, ne pas la perdre enfin, qu'il s'était perdu, lui, vouant sa tête à l'échafaud pour les baisers frelatés de cette vendeuse d'amour.

L'idée d'un châtiment possible lui vint-elle à ce moment ? C'est peu croyable ; des conséquences du forfait qu'il venait d'accomplir, il ne vit que celle immédiate, l'enrichissement.

Hâtivement, avec des gestes saccadés, comme s'il eût craint maintenant de toucher à ce cadavre qu'il avait fait, il se mit à fouiller l'huissier. La chaîne, la montre, une bague qu'il portait, passèrent dans la poche d'Eyraud. Une déception l'attendait en ouvrant le portefeuille de Gouffé, il n'y trouva qu'un unique billet de cent francs, le porte-monnaie contenait une cinquantaine de francs en menue monnaie.

— Allons, voyons ! du courage ! se dit le misérable, inondé d'une sueur qui se glaçait sur ses membres. Je n'aurai pas tué pour une si petite somme !

Il prit les clefs qui se trouvaient dans les poches du pantalon, dévêtit la victime.

— Le sac ! commanda-t-il à Gabrielle, toujours à demi-pâmée.

Ce fut long d'introduire le corps dans le sac, que quelques jours auparavant Gabrielle avait confectionné, enfermée dans sa chambre de la rue de Prony ; le cadavre s'abandonnait, glissait, échappait, retombait en rendant un son mat sur le plancher couvert d'un mince tapis.

L'affaire dans le sac, comme l'avait dit Gabrielle Bompard quelques heures plus tôt, il restait à introduire le corps dans la malle achetée à Londres, consolidée avec des équerres en fer. Eyraud était à bout de forces, il ne se soutenait plus que par une tension nerveuse extraordinaire ; l'heure s'avançait, et pour lui le plus difficile n'était pas fait encore ! Le cadavre, calé avec les vêtements et le linge, la malle refermée et ficelée, Michel s'assit pour reprendre haleine ; la nuit était venue depuis longtemps et la chambre n'était que faiblement éclairée par deux bougies qui brûlaient dans leurs chandeliers sur la cheminée. A la lueur tremblottante reflétée par la glace placée derrière elles, la scène prenait un aspect d'épouvante inimaginable, fait pour glacer le cœur des plus éprouvés, et cependant ni l'homme ni la femme, remise maintenant de sa terreur, ne songeaient à s'émouvoir. Eyraud, soucieux, calculait que la besogne à accomplir était hérissée de difficultés innombrables. Il lui fallait aller jusqu'à l'étude de l'huissier, pénétrer dans son bureau particulier, fouiller ses tiroirs, y prendre tout ce qu'il trouverait ayant une valeur suffisante, et surtout disparaître sans éveiller les soupçons. Reconnu, c'était l'arrestation imminente, le lendemain devant apprendre aux clercs, à la famille de la victime, sa disparition, rapprochée de la visite d'Eyraud à l'étude ;

c'était l'indice le plus grave, le plus compromettant !...

— A quoi penses-tu ? vint lui dire Gabrielle en passant ses bras à son cou et nouant ses petites mains derrière sa tête.

Michel se secoua, réveillé.

— Je pense que j'ai encore beaucoup à faire et que je m'attarde. Couche-toi et sois prête à partir demain matin de bonne heure, nous allons en voyage.

— Me coucher ?... Et... çà ?

Du doigt elle désignait l'énorme malle noire, allongée comme un animal monstrueux sur le parquet ; elle paraissait encore plus grande dans l'ombre qui la noyait, à peine distincte, malgré les lumières clignotantes des bougies.

— Ça ne te mangera pas ! répondit Eyraud en repoussant du genou le coffre et le rangeant le long du mur.

— Eh bien ! je vais passer une chouette nuit, moi, avec ça ici !

— Et moi ? crois-tu qu'elle sera gaie pour moi, la nuit ?

Quelque chose d'indéfinissable s'était levé dans le cœur du misérable, l'étreignait ; confusément il sentait que désormais c'était fini, jamais plus il ne pourrait se ressaisir, échapper à ce châtiment horrible des criminels : le remords.

CHEZ GOUFFÉ, RUE MONTMARTRE
L'HOMME BLOND???

Dans la rue, Eyraud, machinalement, porta la main à sa coiffure; il constata avec surprise qu'il avait sur la tête le chapeau de sa victime.

— Ma foi, il me va, je le garde! se dit-il avec la forfanterie par laquelle tout criminel espère étouffer en lui la voix de la conscience.

De la rue Tronson-Ducoudray à la rue Montmartre, la distance est relativement courte : il fallut un quart d'heure seulement à Eyraud pour la franchir; prudemment il inspecta les allées et venues qui se faisaient à la porte du 148. La voûte était déserte; dans sa loge, le concierge était assoupi dans son fauteuil, attendant l'heure d'éteindre le gaz des escaliers pour gagner son lit.

— Encore un peu de courage et tout ira bien...

Eyraud tenait dans sa main le trousseau de clefs de

Gouffé ; il calcula, à la longueur, celle qui devait ouvrir la porte de l'étude, la prit et s'engagea résolument sous la voûte de la maison. Arrivé à la porte de l'étude, il écouta. Rien ne bougeait.

— Allons, j'ai de la veine! murmura-t-il. Il s'agit de nous dépêcher. . . , ...

. . . .

Dans ces *Mémoires*, recueillis et mis en ordre d'après les notes et documents patiemment assemblés et contrôlés, nous nous contenterons de suivre les versions adoptées jusqu'ici par la presse tout entière. Mais le lecteur observera que dans ce crime célèbre, comme dans les crimes similaires de Prado et de Pranzini, un point mystérieux subsiste, que probablement jamais on n'éclaircira.

Dans l'affaire Pranzini, un homme brun ; dans l'affaire Eyraud un homme blond, que vainement on s'efforce de découvrir. Il n'est pas prouvé que l'homme brun de Pranzini, l'homme blond d'Eyraud, complices introuvables, aient jamais existé ; il n'est pas prouvé davantage qu'ils n'aient pas été, sinon les instigateurs, tout au moins les complices de crimes qu'un homme seul pouvait difficilement commettre. Gabrielle Bompard pourrait peut-être éclairer la justice sur ce point ; elle n'a sans doute garde de le faire, l'apparition de cet inconnu dans le procès pouvant changer la face des choses et amener des complications désagréables pour elle, qui croit bonnement qu'elle sortira indemne de l'affaire.

Un autre point d'interrogation s'est posé devant M. le juge d'instruction Doppfer. *L'homme blond* ne serait-il pas ce Rémy Launée, détenu depuis plus de six mois à Mazas, en dépit de ses dénégations et de celles de son ami Eyraud, qui l'innocente complètement. Ce qui a pu être seulement prouvé, établi, c'est que Launée fréquentait Eyraud depuis longtemps, avait eu de nombreuses relations d'affaires avec lui, que Michel avait fait la connaissance de Gouffé par l'agent d'affaires de Sèvres; qu'au surplus la réputation de Launée est détestable, son casier judiciaire chargé de trois condamnations, mais... tout cela, bien que peu honorable, ne constitue pas une preuve suffisante de sa participation au crime de la rue Tronson-Ducoudray. L'homme blond reste introuvable, pour le moment au moins. . . . .

. . . .

Ce que les débats devant la cour d'assises de la Seine nous apprendront, c'est comment il a pu se faire qu'Eyraud, sans hésitation, allât droit à un casier contenant des papiers intéressants, qu'on n'a pas retrouvés; qu'il a su, sans se tromper, sans qu'on découvrit de traces de fracture, fouiller dans les tiroirs du bureau de Gouffé et y prendre les quelques centaines de francs qui s'y trouvaient, maigre aubaine qui lui permettra cependant de se mettre à l'abri des poursuites, de fuir au lendemain du crime. Cette connaissance exacte de la disposition des bureaux de l'étude semblera bien bizarre à tous ceux qui suivirent attentivement l'affaire depuis le premier jour.

Il était dix heures environ lorsque Eyraud ressortit de l'étude, située à l'entresol; en refermant la porte, il faillit abandonner toute prudence, s'évanouir de saisissement. Le concierge de l'immeuble était devant lui ! Une seconde d'oubli, le sang-froid dont il avait fait preuve jusque là l'abandonnant, et c'était fini ; il fallait ruser, gagner la porte de la rue; une fois là...

Une circonstance le servit à souhait : le concierge venait d'éteindre le gaz et dans l'obscurité crut avoir affaire à l'huissier.

— Je vais vous remettre votre courrier, dit cet homme à Eyraud, qui, prudemment, ne répondit pas.

Devant la loge encore éclairée, il reconnut son erreur, s'effara :

— Qui êtes-vous ? Je ne vous connais pas.

— Je suis un des clercs de l'étude, répondit avec assurance l'assassin, qui avait eu le temps de se remettre, de retrouver son aplomb.

— C'est possible, je ne suis ici que depuis quelques jours, et je ne connais pas tout le monde de la maison.

La conversation avait suffisamment duré au gré d'Eyraud, qui s'empressa de déguerpir.

Enfin ! devant lui l'espace libre; dans la rue, les passants occupés de leurs affaires ou de leurs plaisirs, et qui ne songeaient guère à cette heure à s'occuper de la disparition de Gouffé, disparition encore inconnue.

Tout avait réussi comme il l'espérait; dans quelques jours, alors qu'on commencerait à s'émouvoir, il serait loin, avec Gabrielle, enfin conquise, liée à lui pour toujours, d'un lien qu'elle ne saurait essayer de rompre, sans quoi, désormais, il ne reculerait devant rien pour la garder; un premier crime endurcit, conduit fatalement à d'autres crimes.

Brisé de fatigue, Eyraud éprouvait le besoin d'un long repos, il entre chez lui, ou plutôt chez sa femme, place de la République, à Levallois-Perret. La nuit du crime il la passa auprès de sa femme et de son enfant, alors que depuis longtemps il disparaissait pendant des semaines du domicile conjugal, sous différents prétextes.

DÉPART POUR LYON

Le samedi 27 juillet, à sept heures du matin, Eyraud revint à la rue Tronson-Ducoudray. Son énergie s'était rendue maîtresse de ses terreurs de la soirée précédente; il avait su se contenir et garder son allure ordinaire. Sa physionomie, calmée, ne gardait pas trace des angoisses passées.

— On dort encore? fit-il en entrant à Gabrielle, toute ensommeillée. Allons, houp! du leste! Nous partons par onze heures quinze, et il nous faut faire nos préparatifs. Je n'aime pas être bousculé au dernier moment. Et désignant l'énorme malle.

— Tu n'as pas eu peur?

— Ma foi non! répondit Gabrielle qui semblait avoir oublié l'horrible scène de la veille.

— Alors faisons vite!

Dans deux petites malles ils entassèrent des vêtements, du linge. Quand tout fut prêt :

— Je vais chercher un fiacre, dit Eyraud, nous déjeunerons au buffet de la gare.

Comme la concierge, curieuse de leur départ, leur demandait si l'absence de monsieur et madame durerait longtemps.

— Cela dépendra, nous ne savons pas encore.

Le cocher de fiacre se récria devant le poids de l'énorme colis qui contenait le cadavre.

— Nom de nom! s'exclama l'homme, pour cinq sous c'est un fameux poids!

— C'est plein de livres, et le papier ça pèse lourd; allez, vous aurez un bon pourboire.

Au trot des deux rosses qui traînaient la voiture à

galeries, Eyraud et Gabrielle gagnèrent la gare de Lyon.

— Attends-moi, je vais prendre les billets, dit Eyraud à sa compagne.

Un facteur du chemin de fer et le cocher déchargèrent les colis, les placèrent sur un de ces chariots roulants qui servent à transporter les bagages jusqu'aux wagons.

— Dites donc, vieux, vous n'en avez pas souvent d'aussi lourde que celle-là, blaguait le cocher en aidant le facteur. Et ne lâchez pas, tonnerre! Sans ça je dégringolerais avec!

— Le fait est qu'elle pèse au moins cent kilos, répondit l'homme du chemin de fer en s'essuyant le front.

Il ne se trompait pas de beaucoup, le poids exact de la malle et de son contenu était de cent cinq kilos.

Gabrielle, qui surveillait le transbordement des colis, marqua un signe d'impatience en écoutant le colloque des deux hommes.

— Allons, allons, dépêchons-nous, grommela-t-elle en fronçant le sourcil.

— Oh! vous avez le temps, ma petite dame! le train n'est qu'à onze heures quinze.

— Oui, mais nous n'avons pas déjeuné!

Eyraud revint à ce moment avec les billets.

— En route! commanda-t-il.

A l'enregistrement des bagages, il eut à payer dix-huit francs soixante d'excédent.

— Ce que ça coûte cher, murmura-t-il.

— Dame, c'est un fameux poids aussi, répondit l'employé, surpris lui-même qu'un seul colis pesât aussi lourd.

Au buffet, ils déjeunèrent presque gaiement ; la nature déséquilibrée de ces deux êtres leur permettait d'oublier les préoccupations du moment. Eyraud avait en portefeuille de quoi subsister quelque temps et s'imaginait pouvoir aller toujours ; Gabrielle était heureuse de ce déplacement, comme un enfant que tout changement intéresse et distrait ; l'un et l'autre avaient oublié le meurtre et la victime, qui s'en allait rouler dans le fourgon aux bagages !

Dans le train qui les emportait, Eyraud s'étendit sur une banquette ; tous deux, avec Gabrielle, se trouvaient seuls dans un compartiment.

— Tiens, ses cigares !

Dans une poche de son vêtement, Eyraud venait de retrouver des cigares pris sur le cadavre ; il en alluma un, se mit à la portière du wagon, regarda défiler sous ses yeux l'admirable paysage qui se déroule devant le voyageur dès que le train pénètre dans la forêt de Fontainebleau.

Auprès de lui, Gabrielle, très gaie, excitée par le déjeuner copieux, signalait à son amant les sites pittoresques traversés par la ligne du chemin de fer.

Le train venait de stationner à Auxerre, lorsque Gabrielle étouffa un cri de terreur.

Deux gendarmes venaient de pénétrer dans le compartiment !

— Tu vas te taire ? fit durement Eyraud.

Les gendarmes avaient soulevé leur shako en montant dans le wagon, Eyraud leur rendit leur politesse, entama la conversation banale des voyageurs qui doivent rester quelques heures en tête-à-tête.

— Il fait un peu chaud pour voyager, n'est-ce pas, messieurs ?

Un des deux militaires, le brigadier, répondit aimablement ; l'autre, simple Pandore, se contenta de répondre un invariable — vous avez raison !

— Me permettriez-vous de vous offrir un bon cigare ? continua Eyraud, en veine d'amabilité.

— Avec plaisir ! Nonobstant que la fumée ne gêne pas madame ?

Dans un coin, Gabrielle contenait une furieuse envie de rire, maintenant que la terreur l'avait quittée. Les gendarmes fumaient les cigares de Gouffé !!!...

— Dijon ! vingt minutes d'arrêt. Buffet.

Le déjeuner du départ était loin, Gabrielle sauta sur le quai.

— As-tu faim, toi ?

— Tout de même, mangeons un morceau !

Le voyage s'acheva sans incidents dignes d'être notés. Les deux voyageurs arrivèrent à Lyon-Perrache vers dix heures du soir, la gare semblait endormie, seuls quelques fiacres stationnaient sur la terrasse. A la consigne, Eyraud se fit délivrer ses bagages; comme ils arrivaient de Paris, l'employé à la vérification les laissa passer sans difficulté. Lorsqu'ils furent chargés sur le fiacre :

— Où allons-nous, monsieur? demanda le cocher.

— En face, grand hôtel de Toulouse et de Strasbourg, cours du Midi.

— Ah! bien, la course n'est pas longue si la malle est lourde!

— Encore cette maudite malle, grommela Eyraud, ils remarqueront tous son poids; heureusement celui-là est le dernier...

Il se trompait, le garçon de l'hôtel de Toulouse devait faire la même observation.

Le lendemain matin, Eyraud partit avec Gabrielle Bompard, il descendit sur le cours du Midi, avisant un fiacre qui passait à vide :

— 44, rue de Béarn, dit-il.

Il avait eu le temps d'étudier son plan et de le parfaire, ce fut donc sans hésitation qu'il s'adressa au loueur de voitures, M. Dousseau.

— J'aurais besoin d'une voiture légère et d'un bon cheval, demanda-t-il au loueur, c'est pour faire une course aux environs de Lyon, quelques heures.... Si vous voulez prendre mon nom et mon adresse.

Il tendit des papiers, que M. Dousseau refusa du geste.

— Je vais inscrire, dit le loueur, cela me suffit.

Eyraud dicta :

— Monsieur Emile Breuil, propriétaire à Avignon.

— Ce sera quinze francs pour la journée, monsieur.

— Je paie d'avance, voilà ; tenez la voiture prête vers onze heures, je conduirai moi-même.

— Bien, monsieur, ce sera prêt.

Le couple redescendit dans le centre de la ville, fit de menus achats ; Gabrielle s'amusait de ce changement imprévu, la ville l'intéressait ; comme une touriste elle voulait tout voir, regrettait de ne pouvoir s'offrir une visite jusqu'à Fourvière.

Les superbes jardins qui garnissent la place de la République la ravissaient ; cette place, qui donne sur une des plus belles rues de Lyon, a une animation considérable. Gabrielle proposait en riant de venir s'y fixer, une fois débarrassés de leur colis.

Après un déjeuner succint, Eyraud fixa un rendez-vous à Gabrielle Bompard.

— Tu m'attendras à la brasserie Georges, je vais chercher la voiture et faire charger nos bagages.

Lorsqu'il revint à l'hôtel de Toulouse, Eyraud constata que la corde qui entourait la malle noire était déficelée, il sonna rageusement.

— Pourquoi avez-vous touché à ça, cria-t-il, furieux au garçon, qui répondit à son appel.

— Nous croyons que monsieur voudrait peut-être l'ouvrir et nous avons cru bien faire....

— Reficelez-la vivement et faites-là descendre avec

les deux valises, on les chargera sur le break qui est en bas.

— Monsieur s'en va déjà ?

— Oui, nous sommes rappelés par une affaire urgente ; allons, pressons-nous.

— Voilà, monsieur !

Quand les bagages furent chargés sur le break, qu'il eut réglé sa note à l'hôtel, Eyraud partit retrouver Gabrielle à la Brasserie Georges, sur le cours du Midi, presque en face de l'hôtel de Toulouse.

— Regarde, comme c'est chic ici ! s'exclamait la petite femme. Nous n'en avons pas de pareilles à Paris !

— Oui, je connais ; allons, monte !

— Où allons-nous ?

— Tu le verras quand nous y serons !

Pendant toute la première partie du voyage, les deux amants n'échangèrent que de rares paroles, au grand trop du cheval ils suivaient le quai du Rhône ; à Oullins, Eyraud, qui depuis un long moment semblait inspecter toutes les boutiques devant lesquelles ils passaient, arrêta la voiture devant un quincaillier.

— Tiens les guides un instant.

Quand il revint, il tenait un fort marteau à la main. Il expliqua son emploi à Gabrielle :

— C'est pour démolir la malle, je ne vais pas la traîner toujours avec nous...

Sur la route de Millery, déserte à l'heure où ils s'y

trouvaient, Eyraud avisa un mur à peine élevé qui lui parut propice à ses projets.

— Attention ! Veille un peu à ne pas nous laisser surprendre.

Coupant les cordes qui maintenaient la malle, il fit jouer la serrure qui la fermait, l'ouvrit...

Le cadavre rigide, enveloppé dans le sac, la tête couverte d'une toile cirée apparut, les formes raides perçaient la toile, s'accusaient sinistrement....

Balançant le fardeau, Eyraud le poussa du genou, le sac bondit, déroula le long du talus, s'enfonça....

— Ça y est enfin ! soupira l'assassin, qui referma la malle, reprit les guides. Gabrielle, impassible, avait inspecté la route, prête à avertir son amant du moindre danger.

Suivant la route de Millery, et par un long détour, Eyraud s'engagea sur le chemin communal qui va de Saint-Genis-Laval à Pierre-Bénite, là il chercha encore un endroit solitaire, tira la malle de la voiture, la brisa à coups de marteau, à coups de pieds. Bêtement, le criminel comptait ainsi faire disparaître toute trace de son assassinat. Pouvait-il supposer qu'un rapprochement était possible entre la disparition de l'huissier Gouffé, de la rue Montmartre, et la découverte d'un cadavre dans les terrains perdus de Millery ? Préoccupé avant tout de se défaire de sa victime, il ne pensait pas qu'on pouvait, à l'aide du hasard et d'un garçon d'hôpital, reconnaître, plusieurs mois plus tard, la victime du crime de la rue Tronson-Ducoudray dans le cadavre inconnu enterré au cimetière de la Guillotière.

Le retour se fit plus gaîment que le départ ; l'abandon de ce mort, qu'ils traînaient après eux depuis deux jours, semblait les avoir soulagés tous deux d'un grand poids. Eyraud redevint loquace et Gabrielle fut d'une gaîté folle.

Enervé, Eyraud menait le cheval attelé au break, d'un grand train, activant sa marche déjà rapide de la mèche du fouet. Toujours ravie de son voyage, Gabrielle faisait l'enfant ; à la Mulatière, elle voulut s'arrêter un instant, contempler à son aise le spectacle du confluent du Rhône et de la Saône ; malgré la pluie torrentielle de la journée, les eaux des deux fleuves gardaient leur limpidité, on pouvait suivre longuement leurs nuances différentes, ce qui tentait Gabrielle c'était une petite promenade sur la pointe, couverte de galets, qui s'avance, très effilée, jusqu'à une distance assez longue entre les deux rives.

— Soyons raisonnables, rentrons, fit Eyraud, devenu paternel.

Vers six heures, ils étaient de retour rue de Béarn ; le cheval épuisé, couvert de sueur, était à demi-fourbu.

— Imaginez-vous qu'il nous a été impossible d'aller au chemin de fer avec ce cheval, il était fatigué sans doute, et sentait l'écurie, il a refusé de prendre un autre chemin que celui qui l'y ramenait.

— Si vous saviez comme nous nous sommes amusés! contait Gabrielle à Madame Dousseau, complaisante.

— Voudriez-vous avoir la complaisance de nous procurer un fiacre? Nous partons par le train d'Avignon.

— On va vous en amener un de suite, répondit M. Dousseau.

Le fiacre arrivé, Eyraud y transporta ses bagages; comme il faisait une chaleur lourde, il avait déposé son chapeau — le chapeau de Gouffé — sur la banquette du fiacre.

Lorsque tout fut prêt et qu'ils eurent fait leurs adieux au loueur de voitures, remis un pourboire au garçon, Eyraud fit un signe à Gabrielle.

— Allons, monte!

Dans le fiacre, Gabrielle éclata de rire, se releva brusquement, présentant à Eyraud un objet informe.

— Regarde un peu ton casque!

Tous les assistants partirent d'un fou rire, le chapeau d'Eyraud était devenu un accordéon!

La voiture s'ébranla dans cette gaîté homérique; en rentrant chez elle, madame Dousseaud, qui riait encore, dit à son mari :

— Ils n'ont pas l'air de s'ennuyer, les deux voyageurs? la petite femme surtout est d'une gaieté!...

Eyraud qui, chez le loueur, avait indiqué la gare de Perrache, changea d'avis en route.

— Hôtel d'Orient, près la gare de Vaise.

. . . .

Si l'homme blond existe réellement, il est à supposer que le changement de domicile d'Eyraud, qui de la proximité de la gare de Perrache, s'en va à celle de Vaise, peut avoir pour raison, un rendez-vous avec ce personnage mystérieux ? ? ?....

Le lendemain, lundi, Eyraud fit porter ses bagages à la gare de Perrache !... Il fit enregistrer ses deux malles et prit des billets pour Marseille.

SÉJOUR A MARSEILLE

Dans presque toutes les affaires criminelles, le physiologiste peut constater, lorsque s'écoule un temps assez long entre l'assassinat et sa découverte, une période de quiétude complète chez l'assassin.

Il lui semble que puisqu'il n'a pas été immédiatement arrêté, rien ne saurait désormais l'atteindre, qu'il est à l'abri de tout châtiment et qu'il peut en toute sincérité reprendre ses occupations comme si rien d'anormal ne s'était passé ! Cette période dura chez Eyraud et sa complice depuis leur départ de Lyon, jusqu'au jour où Eyraud, qui suivait attentivement les récits de la disparition de l'huissier Gouffé, publiés par la presse tout entière, jusqu'au jour où il lut son nom dans un journal, les soupçons qui se portaient sur lui, à cause de sa disparition coïncidant avec celle de sa victime.

C'était vers le 10 août, depuis douze jours, Gouffé gisait au bas du talus de Millery, en proie aux vers, aux bêtes rapaces. Son cadavre était devenu une immonde charogne, empestant l'air à des lieues à la ronde, circonstance qui allait permettre de le retrouver.

Pendant ces douze jours, Eyraud et Gabrielle avaient mené la vie joyeuse, dépensant toujours sans compter. Cependant l'argent de Gouffé n'était pas inépuisable, au contraire, et les ressources allaient bientôt leur faire défaut. Eyraud cherchait une occupation qui leur permît de subsister, lorsque le journal qui l'accusait, ou plutôt relatait les soupçons dont il était l'objet, lui tomba entre les mains.

C'en était fait de la quiétude ! Rentrant chez lui, fou de terreur, avec la crainte d'être arrêté à chaque pas, Eyraud tendit le journal à Gabrielle.

— Tiens, lis ça !

Celle-ci se prit à claquer des dents.

— Nous sommes découverts ?

— Lis!

— A la lecture, elle se rassura, il n'était pas question d'elle, son amant seul était soupçonné.

— Que vas-tu faire?

— Il faut fuir, nous passerons en Amérique, là je saurai bien me cacher, dépister les recherches, nous serons heureux là-bas, va!

Toujours à cette idée d'un bonheur plus complet, plus certain, lorsqu'il serait éloigné avec elle!

Elle réfléchissait. Il avait tué pour elle, en somme; c'était pour fournir à toutes ses exigences qu'il était devenu le bandit qui étrangle dans l'ombre; elle l'avait aidé dans l'accomplissement du meurtre, elle devait donc le suivre, dût-elle le regretter plus tard.

Puis, une autre raison, plus immédiate, si elle refusait, si elle tentait de se dérober; elle le connaissait, il était homme, rendu furieux par une trahison, à tout compromettre pour la forcer à le suivre, dût-il y laisser sa tête, il la retrouverait et ferait d'elle ce qu'il a fait de l'huissier...

Elle se soumit.

— Soit, nous partirons, mais avant...

LHOMME BLOND ???

Si, encore une fois, on admet la présence d'un tiers, blond ou brun, il importe peu, il faut s'avouer qu'elle a une raison d'être lors du retour d'Eyraud et de Gabrielle à Paris.

Eyraud rentre chez lui comme revenant de voyage. Gabrielle reparaît, paie l'arriéré de son loyer, puis.... plus personne, l'un et l'autre ont fui, s'embarquant pour l'Amérique, où nous les rejoindrons tout à l'heure.

DEUXIÈME PARTIE

LES ENQUÊTES

Depuis le commencement du mois d'août, le service de la sûreté recherchait activement la piste de l'huissier Gouffé, disparu le 27 juillet sans qu'on pût découvrir la moindre trace laissée par lui.

Dans la presse, des opinions contradictoires se heurtaient. De nos jours, le reportage, admirablement organisé dans certains journaux, aide singulièrement la justice et lui facilite sa tâche tout en essayant de trouver les renseignements les plus précis pour les lecteurs. Chacun des reporters suivit la piste qui lui semblait devoir aboutir, et tous les matins on pouvait lire de nouveaux détails sur la vie de Gouffé.

C'est ainsi que dans les premiers jours on crut à un assassinat par vengeance ; une nouvelle affaire Fenayrou ; une dame D.. connue des clercs de l'huissier pour être en relations d'affaires et en relations intimes avec Gouffé, avait reçu, au lendemain de sa disparition, toute la correspondance qu'elle lui avait adressée ; M. Landry, le beau-frère de Gouffé, s'était chargé du soin de faire disparaître des tiroirs de l'huissier, les pièces compromettantes pour la réputation de celui-ci.

D'autre part, la complexion galante de Gouffé était connue et quelques reporters conseillèrent d'attendre patiemment le retour de l'huissier, *parti en ballade* du côté d'Aix-les-Bains...

L'instruction tâtonnait toujours. On faisait des recherches chez plusieurs femmes connues pour avoir eu des relations plus ou moins suivies avec Gouffé, mais toutes ces recherches prouvaient seulement que l'huissier fréquentait un monde interlope, sans aboutir à une découverte sérieuse...

LE CADAVRE DE MILLERY

A Millery, dans les premiers jours du mois d'août, une insupportable odeur infectait l'air, incommodait tous les habitants à une lieue à la ronde.

— C'est le choléra, je vous assure ! répétait-on dans le village.

Et les bonnes gens s'effaraient à l'idée d'une apparition du terrible fléau !

Enfin, la chaleur aidant, la situation devint insoutenable. Des habitants plus avisés pensèrent qu'une charogne abandonnée devait se trouver dans les environs et empoisonner l'air. Il s'agissait de découvrir cette immondice et de l'enterrer profondément pour assainir le pays.

On eût peut-être cherché longtemps si le hasard ne fut venu en aide aux empoisonnés. En cherchant des escargots dans un petit bois qui avoisine le village, un pauvre diable se trouva en présence d'un sac de toile à demi-rongé, enveloppant un cadavre affreusement putréfié. C'était là l'explication et la cause des odeurs nauséabondes qui empoisonnaient tout le pays.

En proie à un trouble bien compréhensible, le ramasseur d'escargots laissa choir son butin, s'enfuit, courut prévenir les habitants de Millery.

— Faut avertir les gendarmes !

La gendarmerie, prévenue, se transporta dans le petit bois, fit enlever le cadavre avec précaution, avertit le parquet...

A quelques kilomètres de là, sur la commune de Saint-Genis, on trouvait des débris de malle abandonnés en plein champ. Le brigadier de gendarmerie de la commune fit de son côté un rapport. Rapport judicieux où il concluait en émettant l'opinion que la malle brisée, devait avoir été apporté depuis peu de Paris !

Le rapprochement de la découverte du cadavre de Millery et de la disparition de Gouffé, le rapport du brigadier de Saint-Genis, approfondi, soigneusement étudiées pouvaient faire faire un pas immense à l'instruction. La justice allait être éclairée.

Il n'en fut rien.

FAUSSE PISTE — UN FOU — LE COCHER LAFORGE

Le parquet de Lyon, informé de la découverte du cadavre de Millery, voulut voir tout d'abord dans cette affaire un crime commis sur le territoire de son ressort. On fit des recherches dans ce sens, elles aboutirent à la découverte d'un cocher qui déclara avoir conduit quelques jours auparavant trois individus qu'il lui serait impossible de reconnaître, sur la route de Millery. Ces trois personnages étaient chargés d'un lourd paquet qu'ils abandonnèrent à l'endroit où avait été trouvé le cadavre, puis ils rentrèrent en ville, toujours au dire de Laforge, et disparurent sans que celui-ci pût dire ni comment ils étaients faits, ni où ils allaient !

Dans son interrogatoire, les magistrats relevaient des incohérences, des invraisemblances, le cocher se coupait, se contredisait. Que croire? Le parquet conclut à la complicité de cet homme dans un crime dont on ne connaissait encore que la victime, et on écroua ce fou, dont les divagations devaient retarder de plusieurs mois l'œuvre de la justice.

LA SURETÉ A LYON

Cependant, malgré les interrogatoires infructueux de Laforge, le parquet de Paris, informé de la découverte du cadavre de Millery et de la malle de Saint-Genis, pensait de son côté trouver une explication de la disparition de Gouffé. M. Goron et l'inspecteur Jaume partirent pour Lyon, accompagnés de M. Landry, le beau-frère de l'huissier. La malle avait été reconstituée, autant qu'il avait été possible de le faire et sur un débris on avait retrouvé le bulletin de bagage, apposé le 27 juillet à la gare de départ. Ce carré de papier, large de quelques centimètres à peine, allait servir puissamment les ingénieuses recherches de la police. En effet, ce fut en compulsant les archives de la gare de Lyon qu'on put déterminer exactement la date de l'expédition de la malle, son poids au départ. Comparé au poids connu de Gouffé, on trouva que contenant et contenu probable s'additionnaient et formaient à quelques grammes près le poids déclaré à l'enregistrement des bagages. La sûreté avait enfin le mot de l'énigme?

Pas encore.

M. LANDRY

Le beau-frère de Gouffé, mis en présence du cadavre en décomposition, découvert à Millery, se refusa obstinément à reconnaître le corps de Gouffé. Au simple examen, il était en effet impossible de trouver un point de ressemblance! M. Goron, lui, tenait à son opinion. C'était bien Gouffé, sa taille, sa corpulence, sa barbe, jusqu'à une maxillaire absente, tout cela constituait autant d'indices suffisants pour lui enlever un doute s'il en avait encore eu. L'opinion de M. Landry prévalut cependant ; ce n'était pas Gouffé. On continua des recherches dans la région lyonnaise, on retint le cocher Laforge près d'être mis en liberté. On pataugea, enfin !

LA MALLE BRISÉE

M. Goron, lui, était fixé, et son opinion, inébranlable désormais, s'appuyait surtout sur la découverte de la malle brisée; pour en tirer le parti qu'il sentait qu'on pourrait en tirer il la fit reconstruire soigneusement, lui rendit son aspect primitif. Une fois en possession de ce complice inconscient, il espéra plus fortement en la possibilité de retrouver les auteurs du crime. Jusque-là les soupçons s'étaient aventurés, mais sans aucune base, sur plusieurs individus, entre autres, Eyraud et sa maîtresse; mais la seule charge qu'on avait pu relever contre eux était leur disparition, concordant avec celle de l'huissier. La malle allait permettre d'être fixé. Un Français, habitant Londres, M. Chéron, reconnut que la malle avait été achetée dans cette ville par Eyraud, rapportée par Gabrielle Bompard. Le doute n'était plus permis; le cadavre de Millery était bien celui de Gouffé, l'assassin ou au moins un des instigateurs de l'assassinat était bien Eyraud!

Mais au prix de quel labeur on acquit cette certitude!

Le voyage à Londres de M. le chef de la sûreté Goron, raconté à sa date par toute la presse, prouve la ténacité perspicace déployée par cet habile policier. Il n'était cependant pas au bout de ses peines, il lui restait bien des choses à apprendre. Si le hasard ne s'en mêlait, il risquait même de rester dans un doute perpétuel. Le hasard devait favoriser celui qui s'en remettait à lui, se réservant de l'aider au moment propice.

Le hasard et puis un peu aussi cette absurde idée de l'assassin de vouloir se justifier d'un crime dont on le soupçonnait, dont on l'accusait sans doute, mais sans avoir encore toutes les preuves en main!

Pour en arriver à cette faute stupide, Eyraud avait déjà subi un châtiment, la femme pour laquelle il s'était perdu venait de le quitter, rentrait en France pour le dénoncer! La tête perdue, affolé, le misérable écrivit à M. Goron pour se disculper, il était alors à New-York. Nous allons l'y rejoindre. Ou plutôt, nous le reprendrons où nous l'avons quitté à la fin de la première partie de ces mémoires; sur le navire qui l'emmène en Amérique; désormais nous ne le quitterons plus; l'intercalation de cette deuxième partie ayant été faite pour une plus grande clarté de notre travail.

GABRIELLE BOMPARD (*dernière photographie*)

TROISIÈME PARTIE

Tant que les journaux n'avaient fait que mentionner la disparition de l'huissier Gouffé, Eyraud, qui espérait encore que le cadavre de Millery pourrirait dans le bois où il l'avait jeté et qu'on ne retrouverait qu'un squelette méconnaissable, Eyraud s'était cru à l'abri, sous le faux nom de Vanaërd. Lorsqu'il vit son nom dans un journal, il trembla; après avoïr accompli le mystérieux voyage à Paris du 19 août, il revint en toute hâte s'embarquer à Marseille. Chose singulière et digne de remarque, il n'était plus le misérable aux abois des jours précédents, il n'était plus le malheureux qui meuble péniblement une mauvaise chambre de 300 francs par an de loyer, il s'embarque, lesté de quelques billets de mille francs qui vont lui permettre de mener là-bas une vie bien autrement féconde en aventures de toutes sortes que celle qu'il avait eu jusque-là.

NEW-YORK

Accoudés sur le bastingage du navire qui les transportaient en Amérique, Eyraud et Gabrielle Bompard devisaient, elle, très gaie toujours, lui, soucieux et préoccupé.

— Ma tête est en jeu, et j'y tiens, disait-il à Gabrielle, il va me falloir lutter constamment, et qui sait? Je succomberai peut-être. Tout cela pour toi, Gabrielle, es-tu prête à tout, décidée à tout, comme moi?

A cette demande, Gabrielle répondit lentement, après un temps imperceptible, comme si elle eût hésité...

— Je ferai tout ce que tu me diras de faire.

— Bon! En arrivant, je prendrai le nom de Vanaërd, tu passeras pour ma fille à l'hôtel où nous descendrons.

Gabrielle se mit à rire. Sa gaieté dérida Eyraud malgré ses soucis.

— Sois tranquille, nos chambres communiqueront!

— Et là-bas, que ferons-nous?

Eyraud fronça les sourcils, serra les poings.

— Je ne sais pas encore. Si cette maudite histoire n'est pas éventée, nous pourrons trouver à vivre convenablement, sinon...

Gabrielle tressaillit, un crime lui suffisait, le danger perpétuel à courir en compagnie d'un malfaiteur traqué, l'effrayait. Dès ce moment, l'idée d'échapper à Eyraud surgit en sa cervelle, la hanta.

M. VANAERD ET SA FILLE

Eyraud et Gabrielle descendirent dans un des premiers hôtels de New-York; s'installèrent en voyageurs suffisamment lestés de billets de banque, prêts à dépenser sans compter. Eyraud avait son plan préparé; prévoyant, il n'aimait pas s'en remettre au hasard, ce dieu des malfaiteurs, qui trop souvent aide la police. On allait vivre comme on pourrait, d'escroqueries sans doute, mais encore fallait-il pour cela offrir une apparence respectable !

Dans la chambre qu'ils occupaient, Eyraud remplit le bulletin destiné au bureau de l'hôtel.

— *M. Vanaërd, expert en vins et en eaux-de-vie. Et sa fille Berthe.*

— Là ! Ici au moins, nous serons plus tranquilles ! Descendons dîner.

Au dining-room (salle à manger de l'hôtel), Eyraud s'assit auprès d'un Yankee respectable, à la mine affairée, qui par instant plongeait, disparaissait dans les profondeurs insondables de l'immense *New-York Herald*. En entendant parler Vanaërd, son voisin reconnut immédiatement son accent français.

— Aoh ! s'écria-t-il, vous arrivez peut-être de Paris.

— Certainement, Monsieur, je viens ici pour...

— Vous connaissez peut-être cet Eyraud, dont parle le *New-York Herald ?* On dit qu'il s'est réfugié en Amérique.

— Je vous demande pardon. J'arrive et je n'ai pas eu le temps de lire les journaux.

— Yès, mais vous connaissez l'affaire Gouffé ?

— J'en ai, en effet, entendu parler.

— On dit que l'assassin est un redoutable bandit, qui s'est réfugié en Amérique, ce serait curieux qu'il soit à New-York. Qu'en pensez-vous ? On ne l'arrêtera peut-être pas ?

— Oh ! il serait vraiment dommage qu'on l'arrêtât,

s'écria une jeune miss placée à côté du respectable Yankee. C'est un bandit redoutable, à ce qu'on prétend, et il pourra commettre ici un crime sensationnel ? On a si peu de distraction à New-York !

— Vous voulez rire, miss, répondit Eyraud, mal à son aise, devant la tournure que prenait la conversation ; un crime est un acte horrible et l'assassin...

— Oh ! yès, c'est horrible, oui, mais c'est aussi très palpitant et cela distrait des banalités humaines ! C'était beau, un beau crime, dit-on en France et aussi en Amérique !

— Ah ! si vous le prenez ainsi !... Ma parole, ces Yankees sont étonnants ! je crois que si je me faisais voir dans une baraque, pour un dollar, j'amasserais une fortune à conter aux spectateurs les détails de mon affaire ! pensait Eyraud.

Gabrielle n'avait qu'imparfaitement compris de quoi il était question, mais à observer la physionomie de son amant elle comprit que le sujet de conversation devait l'importuner, elle essaya de rompre les chiens.

— Père, dit-elle à Eyraud, est-ce que nous resterons longtemps à New-York ?

— Cela dépendra des affaires, petite. Si nous réussissons ici, il est probable que nous séjournerons un certain temps, sinon nous irons à San Francisco.

— Les affaires sont bien difficiles en ce moment, observa l'Américain en réapparaissant au-dessus du journal dont il s'enveloppait. Quel genre traitez-vous, sans indiscrétion?

— Les vins principalement, les alcools aussi ; mais je crois que je ferai un peu de tout ce qui se présentera, en France la situation n'est plus tenable, il faut essayer un peu autre chose, c'est pourquoi je suis venu ici avec ma fille, peut-être m'y fixerai-je, je n'ai encore rien décidé.

— C'est bien difficile, murmura le Yankee, reparti dans sa lecture.

Rentrés chez eux, dans leur appartement, Gabrielle et Eyraud se regardèrent. Lui était sombre, triste, abattu.

— Plus jamais de trève, de repos! murmura-t-il; ici comme là-bas, cette affaire passionne le public. Avides de renseignements, tous ceux qui reconnaîtront ma nationalité me tortureront en me demandant des détails... Et qui sait? si le cadavre est retrouvé, si l'on vient à savoir...

— Tu es fou, voyons, fit Gabrielle. Qui pourra jamais préciser notre rôle dans cette affaire! Des soupçons? Qu'est-ce que ça peut nous faire! Puis nous irons plus loin, nous nous enfoncerons dans le Sud, où jamais on ne viendra nous dénicher. Allons, allons, ne nous laissons pas abattre!

— Ah! Gabrielle, c'est affreux ce que j'ai fait!

Abattu, le misérable pleurait, s'abandonnait, dans un état de faiblesse indescriptible ; à ce moment, son crime le torturait. Pour oublier, pour s'arracher à lui-même, il voulut goûter à ces joies profondes qu'il s'était promises, s'anéantir dans la possession de la femme, inspiratrice du meurtre, en proie à une folie érotique qui succédait à la crise de prostration, il chercha dans ses bras l'oubli de la vie misérable à laquelle il était désormais condamné...

DERNIÈRES RESSOURCES. PREMIÈRES ESCROQUERIES

Les quelques mille francs emportés par Michel s'épuisaient rapidement ; la vie est chère en Amérique, si les gains sont considérables ; il fallut songer à se procurer des ressources, en même temps restreindre le train mené jusqu'alors.

— Nous louerons deux chambres dans un quartier moins riche que celui-ci, projetait Eyraud, je travaillerai, je trouverai bien quelque opération à entreprendre !

Mais chaque jour amenait une déception nouvelle; l'expert en vins ne trouvait pas à s'employer, les ressources s'épuisaient... la vie régulière allait encore une fois devenir impossible, il lui fallait avoir recours à l'escroquerie, aux moyens louches... la vie reprenait âpre et dure, comme avant le crime.

Les Américains, toujours en garde, ne sont pas faciles à duper, mais pour Eyraud, douée d'une intelligence appliquée au mal, parlant différentes langues et apte à improviser une histoire, une aventure quelconque, il y avait des chances de réussite. Il essaya. D'abord, ce furent les moyens ordinaires employés par les escrocs de tous les pays. Des dettes nombreuses facilitées par les premiers paiements qui avaient d'abord inspiré confiance aux fournisseurs, des marchandises achetées à crédit, revendues à vil prix, tous les trucs ordinaires furent mis en œuvre, malgré cela les rentrées étaient maigres, Gabrielle s'ennuyait... Les discussions devinrent fréquentes, les caractères s'aigrirent, le ménage se jetait de continuels reproches à la face.

— Si c'est tout ce que tu peux faire, cria un jour Gabrielle exaspérée, t'aurais tout aussi bien fait de me laisser où j'étais, et de ne pas commettre ton crime !

— Mon crime ! malheureuse, mais c'est pour toi que je l'ai commis, c'est pour garder l'ignoble p... que tu es que je me suis perdu. Et tu oses me le reprocher, maintenant ? Tais-toi, vois-tu, ou sans cela...

Et Eyraud, rendu furieux, tira de sa poche un revolver qui ne le quittait plus.

— Vois-tu, j'accepte la conséquence de mes actes, mais je ne veux pas qu'il soit dit que j'aurai tout risqué pour que tu te f..... de moi après. Si jamais tu bronches, je te fais ton affaire, la mienne ensuite, je ne tiens plus beaucoup à la vie, mais au moins je ne te laisserai pas derrière moi !

La fille, terrifiée, se tut, s'inclina, en apparence du moins, mais elle se promit de ne pas laisser s'échapper l'occasion de fuir loin de ce fou furieux qui la menaçait de mort à tous propos.

New-York n'était plus tenable, les volés commençaient à menacer le voleur. Il fallait déguerpir, mais il était aussi nécessaire de dépister les recherches.

— Tu vas couper tes cheveux, dit Eyraud à Gabrielle, puis tu t'habilleras avec ces vêtements.

Il jetait sur un meuble des vêtements d'homme qu'il venait d'apporter.

— Nous partons d'ici ? demanda la fille.

— Et au plus vite, le terrain brûle; le train part ce soir, demain nous serons loin.

— Soit, murmura Gabrielle, en voyage ça va encore! Mais, auras-tu assez d'argent ?...

— Ne t'occupe pas de çà, je me charge de tout!

Le soir, le couple prenait le train.

Ils arrivèrent à Québec après un voyage morne, les gaietés du voyage à Lyon étaient passées, Gabrielle ne riait plus, elle jetait des regards à la dérobée sur Eyraud, semblait chercher l'instant propice pour fuir loin de lui, se soustraire à sa fureur...

Dans le compartiment, elle avait une mine étrange, risible et troublante, dans ses vêtements d'hommes; à la largeur exagérée des hanches, à l'étroitesse du buste, un observateur eut reconnu immédiatement son sexe, mais l'observation n'est pas le faible des Américains lorsque leurs intérêts ne sont pas en jeu, et sur cette terre libre, chacun a la liberté d'agir avec l'étrangeté qui lui plaît.

A Québec, Gabrielle et Eyraud prirent de nouveau le nom de Labordère, plus français, plus euphonique aux oreilles de la population en grande partie descendante de la France; de nouveau Eyraud chercha un moyen quelconque d'existence, dut en arriver aux expédients, recommencer la vie aventureuse de New-York. Sa nationalité, la connaissance qu'il prétendait posséder des vins et eaux-de-vie, lui procurèrent quelques affaires avantageuses, l'argent ne tenait pas à ses mains, puis Gabrielle savait l'aider à le disperser aussitôt que gagné !

Pendant leur séjour dans cette partie française de l'Amérique la fille reprit son sexe, réapparut sous son véritable aspect. Toujours elle passait pour l'enfant d'Eyraud.

Très hospitaliers, accueillant sans méfiance tout ce qui vient de la mère-patrie, qu'ils n'oublient pas, les

Canadiens firent bon accueil à Eyraud et à sa complice; un peu de calme revenait dans la vie des deux aventuriers, était-ce pour toujours? En avaient-ils fini avec les angoisses d'une vie errante, d'une existence chimérique?.,.

Il leur fallut bientôt quitter Québec, passer à Montréal où ils séjournèrent peu de temps, ils poussèrent à Ramonbert où ils rencontrèrent M. Garanger.

M. GARANGER

Lorsque le couple fit la connaissance de M. Garanger, les ressources étaient très limitées, Eyraud et Gabrielle furent heureux de rencontrer un homme qui mît sa bourse à leur disposition avec autant de bonne grâce. Complaisamment, Eyraud ferma les yeux sur l'intimité des relations qui s'établirent entre Gabrielle et le généreux M. Garanger, il fallait vivre avant tout. Cependant il trouvait que les choses n'allaient pas à sa convenance et que les bénéfices de l'introduction de ce tiers dans leur ménage n'étaient pas suffisants. Eyraud rêvait une association.

SAN FRANCISCO

A San-Francisco, Eyraud trouva une situation qui aurait pu lui permettre de vivre honorablement si sa célébrité, en train de faire le tour du monde, avait pu lui laisser un instant de repos.

Descendus dans une maison française, sous le nom de Bernard, expert en vins et sa fille Berthe, il parcourut les vignobles du pays en compagnie de son nouvel ami Garanger, qui lui servait à couvrir d'honorabilité un passé trop obscur pour qu'on cherchât à le définir exactement. Les mensonges que le misérable a débités, variant ses thèmes avec une facilité remarquable, rempliraient des volumes; beaucoup le crurent sur sa parole, qu'il a facile et dorée, se laissèrent duper avec une bonne grâce inouïe. Le capitaine Nivon, consul de Russie à San-Francisco, reçut princièrement l'expert en vins, le logea quelques jours, ne se sépara de lui qu'avec d'aimables paroles et la promesse de le revoir. De riches propriétaires lui offrirent le capital nécessaire pour une grande exploitation ; Garanger, épris de la fille, va jusqu'à demander la main de Gabrielle à Eyraud! Les deux complices faillirent étouffer de rire...

Les journaux de novembre 1889 arrivaient en Amérique pendant toutes ces aventures, Eyraud y était dépeint, son signalement circulait partout, son nom était dans toutes les bouches, faisait l'objet de toutes les conversations, le cercle se refermait sur lui, il n'allait plus pouvoir échapper.

Le 4 décembre, son rêve d'association avec M. Garanger se réalisa, ils signèrent un contrat qui les liait ; peu de jours après il dit à son nouvel associé :

— Nous venons de recevoir une dépêche de Paris. La tante de Berthe vient de mourir, elle laisse une fortune de cinq millions, ma fille est seule héritière. Voulez-vous l'accompagner, elle doit se rendre en France?

— Je suis tout à votre disposition, répondit Garanger ravi à la pensée de se trouver seul avec Gabrielle, je dois seulement vous prier d'attendre que j'aie pu réaliser une vingtaine de mille francs pour faire face aux premiers frais.

— C'est entendu alors, aussitôt que vous aurez l'argent?

— Nous partirons!

SAINT-HÉLÉNA — VANCOUVER

Dans ces deux villes, Eyraud a laissé des traces de son passage; à Saint-Héléna, en compagnie de Garanger toujours féru de Gabrielle, Eyraud annonça son intention de monter une distillerie. Si l'endroit lui plaisait, M. Garanger mettait sa fortune à sa disposition.

Il conclut des marchés avec des vignerons, signa un bail pour la résidence du colonel Carr, etc. De tout cela, monté sérieusement, il ne songeait qu'à tirer le plus de dollars possible, pour disparaître ensuite, peut-être même un plan sinistre avait-il germé dans son cerveau, la disparition de M. Garanger était étudiée comme une chose possible, lorsque survint la catastrophe qui devait ruiner ses espérances, détruire ses plans, l'anéantir.....

LA FUITE DE GABRIELLE

Nous l'avons dit, depuis qu'elle était en Amérique avec lui, Gabrielle n'avait plus qu'un rêve, quitter Eyraud, se soustraire à sa brutale domination; aussi accueillit-elle avec une joie délirante la proposition d'Eyraud, lorsque celui-ci lui donna ses ordres.

— Tu vas partir avec Garanger, lui intima-t-il, il doit toucher de l'argent à Ramombert, aussitôt qu'il aura touché, fais-moi expédier des fonds ici. De là, vous partirez tous deux pour New-York, vous descendrez à l'hôtel Optiman-House; dans quelques jours j'irai vous rejoindre; plus tard, nous verrons.....

Ses projets n'étaient pas nettement définis, il réfléchissait, mûrissait son idée.....

Gabrielle fut bonne, s'attendrit, dans sa pensée elle ne devait jamais revoir Michel, elle allait l'abandonner sachant combien sa présence était nécessaire à sa vie, peut-être serait-il traqué, repris..... elle lui donna une dernière nuit d'amour paradisiaque, mit en œuvre tous ses artifices de femme pervertie, lui laissant ce souvenir d'un bonheur tant rêvé, à jamais perdu. Quand elle fut loin, sûre d'être hors de son atteinte, elle dénonça Eyraud à Garanger, joua une nouvelle comédie. Garanger avait pu croire, en partant de Saint-Héléna, qu'il enlevait une fille vertueuse à un père respectable, mais emprunteur; devenue sa maîtresse, Gabrielle voulut le détromper en douceur, lui faire avaler l'énorme couleuvre de sa parfaite innocence en face du crime d'Eyraud.

— Ah! mon ami, lui glissa-t-elle à une heure d'abandon. Si vous saviez!... Je suis si malheureuse!

— Calmez-vous, chère enfant, répondit le gentlemen, et contez-moi vos chagrins, je saurai peut-être les adoucir?

— Non, hélas! pour moi il n'y a plus de repos possible. Oh! si vous saviez! Si vous pouviez vous douter! Ah! le misérable!...

Garanger crut comprendre qu'il s'agissait de Vanaërd père, dont les mauvais traitements lui étaient connus.

— Votre père, commença-t-il...

— Cet homme n'est pas mon père, interrompit Gabrielle qui manqua pouffer de rire à l'idée rétrospective de la fameuse demande en mariage.

— Ah! tenez, continua-t-elle, ce secret me pèse trop, j'aime mieux tout vous dire, après vous ferez de moi ce qu'il vous plaira!

« Cet homme est le célèbre criminel Eyraud, l'assassin

de l'huissier Gouffé... et je suis Gabrielle Bompard, ajouta-t-elle en baissant modestement les yeux. »

M. Garanger sursauta à cet aveu, en proie à une surprise compréhensible, puis il réfléchit longuement et le résultat de ses réflexions fut qu'ils devaient revenir de suite en France, prévenir le parquet, se mettre à sa disposition. Gabrielle n'était pas coupable puisqu'elle l'affirmait, elle saurait faire éclater aux yeux de tous son innocence, se laver des soupçons qui planaient sur elle, se disculper enfin! On a vu que M. Doppfer n'était pas absolument du même avis que M. Garanger.

EYRAUD ABANDONNÉ

Le 22 décembre, Eyraud jugea qu'il était temps de rejoindre à New-York, Gabrielle et M. Garanger dont il n'avait plus entendu parler. Un habitant de Saint-Héléna, dont il avait à plusieurs reprises mis les bonnes dispositions à profit, lui parut la dernière dupe à exploiter encore avant son départ, il alla le trouver.

— Cher monsieur, je suis bien embarassé, dit-il à M. Courtois qui les avait recueillis gracieusement à leur arrivée et leur avait facilité l'entrée de plusieurs maisons. Je dois rejoindre immédiatement ma fille et mon associé qui m'attendent à New-York et j'attends depuis plusieurs jours des fonds qui doivent m'être envoyés d'un jour à l'autre. Ne pourriez-vous pas m'en faire l'avance.

— De combien avez-vous besoin?

— Trois cents dollars me suffiraient pour l'instant.

M. Courtois les lui remit. Eyraud s'empressa de quitter Saint-Héléna.

En arrivant à New-York, il se dissimula de son mieux, changer encore de nom et de nationalité, devint Miguel Garico.

Il avait eu un accès de violent désespoir en constatant la disparition de Gabrielle et de M. Garanger, il comprit que sa maîtresse était lasse de la vie menée en sa compagnie, la connaissant, il ne douta pas qu'elle irait le dénoncer, en entassant mensonges ineptes sur infâmes balourdises pour se disculper, elle! C'est alors qu'il écrivit à M. Goron, qui n'avait pas besoin de cette preuve pour croire à sa culpabilité.

A LA POURSUITE DE GABRIELLE

Devenu le mexicain Miguel Garico, Eyraud alla demeurer Wawerley place, n° 20, dans une maison meublée tenue par Madame Susan Martin; là il se fit passer pour un riche planteur, attendant l'arrivée de sa jeune femme qui ne devait pas tarder. En réalité il n'avait pas perdu tout espoir de retrouver Gabrielle, de l'arracher à son nouvel amant, de la reprendre sous sa domination; elle partie, il se sentait perdu. Aussi passait-il son temps en recherches, dans des alternatives de doute et d'espérance qui le faisaient se miner, se consumer. En peu de temps il avait maigri effroyablement, ses cheveux devenaient rares, grisonnaient, il changeait au point de devenir méconnaissable.

Ce qui le torturait encore, c'était de lire chaque jour dans des journaux qu'il conservait soigneusement, les détails apportés par les courriers de l'Europe sur le crime de la rue Tronson-Ducoudray.

Un soir qu'il était sorti pour continuer ses recherche il acheta l'édition du *New-York Herald*, qui venait de paraître et que des vendeurs criaient au milieu de la foule, il y lut l'entrefilet suivant :

« Les inspecteurs Jaume et Houillier viennent de s'embarquer pour New-York, à la recherche d'Eyraud qu'on suppose habiter cette ville. »

— Allons ! il va falloir jouer serré, murmura le misérable en tâtant machinalement la poche où se trouvait son revolver. Du moins, je ferai en sorte qu'ils ne m'aient pas vivant !

A son retour à la maison meublée qu'il habitait, il rencontra un des pensionnaires, M. Stout, le directeur du Théâtre-Comique de Harlem ; affectant un grand calme, il l'aborda.

— Dites-moi, cher monsieur, seriez-vous assez aimable pour consentir à me rendre un léger service ? J'aurais besoin de soixante-dix dollars et je ne sais trop à qui emprunter ici où je n'ai pas de relations. Si vous pouviez me les avancer, je vous laisserais en garantie des costumes neufs que j'ai achetés pour ma femme.

— Si cela peut vous être agréable...., répondit M. Stout.

— Je vais vous donner un reçu, ajouta Eyraud.

Et il s'empressa d'écrire :

« Reçu de M. G.-L. Stout la somme de soixante-dix dollars pour robes et articles divers. — Miguel Garico, Guadelyare. »

Guadelyare était le nom de la localité où Eyraud plaçait ses plantations. Son reçu remis à M. Stout, il l'invita gracieusement.

— J'espère que vous me ferez l'honneur de venir me visiter l'été prochain ?

Puis il s'empressa de déguerpir ; New-York, déjà peu sûr, devenait intenable pour lui depuis l'annonce de l'arrivée de Jaume et de Houiller.

LA VIE ERRANTE

De son départ de New-York à son arrestation à la Havane, Eyraud va mener la vie errante des vagabonds traqués ; dépourvu d'argent il ne s'en procure qu'à l'aide de procédés qui le forcent à fuir aussitôt qu'il a quelques dollars dans sa poche, il risque à chaque instant d'être arrêté par la police du pays qu'il traverse, son aventure est connue de tout le monde, son nom retentit partout et cependant il passe ! Il ne sera pris que grâce à son imprudence, peut-être par lassitude de la misérable vie qu'il mène refuse-t-il de lutter plus longtemps ? Puis, maintenant il est seul et, quoiqu'il fasse, ne parvient pas à oublier celle qui l'a perdu, trahi, abandonné...

Il traversa le Mexique, séjourna dans toutes les villes de ce pays, sans qu'il soit possible de déterminer exactement sa résidence passagère et pourtant il eut dans l'une d'elles une aventure galante qui fit du bruit !

L'ENLÈVEMENT DE PEPA

Dans les environs de Mexico, Eyraud avait réussi, malgré une absence totale de papiers, à se faire admettre comme employé subalterne dans une plantation. Toujours sous le nom de Miguel Garico, il travailla pendant quelques jours, reprenant haleine. Un des directeurs de cette plantation était marié à une jeune femme fort jolie, qui portait le nom de Pepa ; comment Eyraud parvint-il à séduire la dame, nous n'entrerons pas dans trop de détails, nous nous bornerons à conter l'aventure tragique qui dénoua ce nouveau roman de Michel Eyraud.

Désireux d'oublier Gabrielle Bompard dans les bras d'une nouvelle maîtresse, il convainquit Pepa de la nécessité de fuir, la dame y consentit et avec l'audace qu'il possède, Eyraud fit les préparatifs, sans oublier de prier la jeune femme de se charger de l'indispensable, l'argent dont il était fort dépourvu.

Le mari de Pepa éventa l'intrigue, mais garda le silence, il se tint prêt seulement à poursuivre et châtier les coupables, s'assurant les moyens de les tenir en son pouvoir alors qu'ils se croiraient en pleine sécurité.

Un soir Eyraud s'empara de deux chevaux, les amena au rendez-vous convenu, attendit Pepa, l'infidèle.

La jeune femme parut bientôt, prête à partir.

— En selle !

Les chevaux furent lancés au galop, tout semblait favoriser la fuite des coupables au milieu de la nuit; déjà Eyraud s'applaudissait de la réussite de son plan lorsque les deux amants entendirent un commandememt retentir au milieu du silence.

— Halte !

Devant eux trois ombres se dressaient, le mari était là, tenant un fusil chargé qu'il dirigeait sur le groupe.

— Descendez de cheval, s'écria-t-il.

Eyraud prit en main son revolver, l'arma.

— Place ou je fais feu !

Se courbant sur son cheval il éperonna la bête qui bondit, deux coups de feu retentirent, la monture de Pepa s'abattit, Eyraud passa, une balle l'avait frappé au côté droit, il eut la force de se maintenir en selle, de fuir ; Pepa était restée aux mains de son mari, Eyraud n'eût pas envie de venir à son secours, il disparut, heureux d'en être quitte à si bon compte !

Il a gardé la balle dans le côté, et c'est une des cicatrices qu'il montre complaisamment à ses gardiens en leur contant l'aventure.

LA HAVANE. - MARGOT

Eyraud est à bout de toutes ressources, au terme de ses voyages, à la fin de ses aventures. La police cubaine aura l'honneur de le capturer et sa prison restera célèbre là-bas, tout le monde voudra visiter le cachot qui l'a renfermé jusqu'à son embarquement sur le *Lafayette*. Mais avant de se faire prendre, l'homme à femmes fera encore deux passions, cette fois il revient à la fille, cherche ses dernières amours dans les bas fonds de la prostitution. Margot, de son véritable Marguerite Moré, toulousaine âgée de vingt-huit ans, appartient à une maison ayant quatre pensionnaires fixes, elle n'est qu'externe et ne rend que des visites sans habiter la maison hospitalière. Cora Hambourg, une américaine du sud, âgée de vingt-quatre ans, une jolie brune à la tête fine, aux yeux langoureux. Les deux femmes se disputent la possession du criminel, se battent presque pour celui que Margot appellera au moment du départ « *Son grand bébé célèbre* ».

MIGUEL DOSKI

Le 23 mai 1890, les journaux annoncèrent l'arrestation de l'assassin de Gouffé, à la Havane ; depuis quelques jours Eyraud s'était réfugié dans cette ville et habitait, sous le dernier de ses pseudonymes, Miguel Doski, une chambre de l'Hôtel de Rome.

Toujours en quête d'un travail quelconque, il s'était adressé, en arrivant à la Havane, à un distillateur

6

français, M. Gautier; celui-ci l'écouta exposer sa demande, lui fit une réponse vague en le priant de laisser son nom et son adresse, en cas qu'il eut une occupation à lui confier.

— Je me nomme Miguel Doski et j'habite l'Hôtel de Rome, dit Eyraud.

Pendant la conversation que les deux hommes échangeaient, leurs regards se croisaient obstinément et mentalement se répondaient; on aurait pu traduire leurs pensées.

— Non, tu n'es pas Miguel Doski, polonais d'origine, tu es Eyraud l'assassin, je te connais bien et je vais te faire arrêter, pensait M. Gautier tout en répondant d'une voix indifférente.

— Oui, je suis Michel Eyraud, comme toi tu es Gautier, un de mes anciens employés de Sèvres, répondait le regard du criminel, mais tu ne parviendras pas à me faire prendre.

D'un pas indifférent, Eyraud rentra chez lui; pendant ce temps M. Gautier prévenait la police cubaine, qui fut bientôt toute entière sur pied. On pénétra à l'Hôtel de Rome, on fit ouvrir la porte du prétendu Miguel Dosky, trop tard! l'oiseau avait eu le temps de s'envoler; Eyraud avait de nouveau disparu.

ARRESTATION DE MICHEL EYRAUD

La police cubaine veillait ; il était impossible à Eyraud de lui échapper autrement que par un suicide immédiat; le misérable n'eut-il pas le courage de l'entreprendre ? s'imaginait-il pouvoir encore échapper? Nous ne saurions le dire...

Sur une des places de la ville, des agents causaient avec des habitants, formant un groupe ; le soir venait lentement.

— Bonsoir ! dit une voix en passant.

On causait d'Eyraud ; l'accent français de l'individu qui venait de souhaiter le bonsoir aux agents frappa tout le monde.

— Mais c'est Eyraud ! cria quelqu'un.

Les agents se jetèrent sur lui; Michel avait eu le temps de tirer son revolver ; on le lui arracha, ainsi que le poignard dont il était muni depuis qu'il était en Amérique.

— Allons, c'est fini! murmura le criminel, qui se laissa emmener sans résistance.

TENTATIVE DE SUICIDE
LE LORGNON DE GOUFFÉ

Lorqu'on l'eut enfermé dans sa prison, il vint à Eyraud une dernière espérance; puisqu'il s'était laissé prendre il valait mieux mourir tout de suite, essayer d'échapper au sort réservé aux assassins, que d'attendre encore de longs mois...

Il portait depuis le crime le lorgnon de Gouffé; brisant un verre, il se servit d'un éclat aigu, essaya de s'ouvrir une veine; la blessure ne fut pas assez profonde, un caillot se forma, la tentative avait manqué. On le mit immédiatement dans l'impossibilité de recommencer; des gardiens lui furent donnés, qui ne le quittèrent plus ni nuit ni jour.

SA DÉTENTION

L'arrestation d'Eyraud avait produit une énorme sensation à la Havane ; elle faisait l'objet de toutes les conversations. Des reporters lui furent envoyés qui purent pénétrer jusqu'à lui, essayèrent de lui arracher des aveux ; il se garda bien d'être sincère ; il inventait les fables qu'on a pu lire, qui remplirent les colonnes des journaux américains. Pourtant un fond de vérité subsistait dans ses récits comme dans ceux de Gabrielle Bompard. Il reconnaissait être sinon l'auteur principal, du moins un des complices. Il avait bien mis le cadavre dans la malle, il avait bien été l'abandonner à Millery ; mais il n'avait pas tué ; il cherchait encore à sauver sa tête puisque sa liberté était perdue. Pendant sa détention il tomba malade, manqua mourir, la fièvre jaune qui sévit presque continuellement à la Havane faillit l'atteindre ; pourtant il gardait une inconscience rarement constatée jusqu'alors chez les criminels de son espèce.

Après quelques jours de prostration pendant lesquels il se tenait près de la porte de son cachot, suivant du regard les moindres gestes de ses geôliers comme s'il eût pu concevoir encore le moindre espoir de salut, sa loquacité reprit le dessus; il affectait un dédain profond pour la police cubaine; traitait avec mépris M. Gautier, son ancien employé de Sèvres, qu'il devinait avoir été pour beaucoup dans son arrestation, mais reprenait toute sa vivacité de parole lorsqu'il était question de la belle Margot !

LES INSPECTEURS GAILLARDE ET SOUDAIS

Le *Lafayette* venait d'appareiller. Après les formalités nécessaires, MM. Gaillarde et Soudais furent mis en possession du prisonnier. Pour le voir partir, monter à bord du *Lafayette*, une foule considérable s'était massée aux abords de la prison. La curiosité n'a pas de patrie.

Au premier rang la belle Margot, très entourée,

témoignait bruyamment sa satisfaction d'avoir été distinguée « par son grand bébé célèbre qui retournait dans son pays pour se faire guillotiner (*sic*). »

A bord, les agents Gaillarde et Soudais entreprirent la conquête du criminel. Eyraud, si méprisant pour la police cubaine, se montra plus traitable. Aujourd'hui, quand il parle de MM. Gaillarde et Soudais, il les nomme ses amis. La traversée s'accomplit sans aucun des incidents redoutés lors du départ de la Havane. Encore une fois, pour la dernière, l'homme à femmes exerça son pouvoir mystérieux sur le cœur d'une femme de chambre qui le servait à bord : c'est lui-même qui l'a raconté ; il lui fit une cour qui ne pouvait avoir d'autre dénouement que celui très platonique qn'autorisait la surveillance incessante des agents chargés de le garder.

Mais, que penser, en présence de la curiosité de la passagère mondaine, qui soudoya la femme chargée du service du prisonnier, ceignit son tablier, porta de l'eau chaude dans la cellule....

ARRIVÉE EN FRANCE

Le *Lafayette* arriva en vue des côtes de France; sans avoir à subir de quarantaine, malgré les cas de choléra signalés à Santander, où le navire n'avait, du reste, pas séjourné. A Saint-Nazaire comme à la Havane, une foule énorme l'attendait. En remarquant l'empressement des curieux, Eyraud eut un signe d'impatience.

— Que me veulent tous ces gens-là, murmura-t-il, ne peut-on me laisser en repos.

A l'encontre de Gabrielle Bompard, ravie du mouvement provoqué par son arrivée, et qui s'écriait, à la gare de Perrache :

— Ah ben ! j'en ai un succès !....

Hâve, abattu, Eyraud fut amené au wagon qui l'attendait, quelques heures plus tard il était à Paris, enfermé dans une cellule du dépôt.

Jusque-là, le criminel s'était tenu sur la réserve, se contentant d'avouer une participation minime au crime de la rue Tronson-Ducoudray ; il ne se départissait pas du système adopté par lui, combiné depuis qu'il avait lu les accusations de Gabrielle, à son retour à Paris.

LES AVEUX

M. le juge d'instruction Doppfer estima que la fatigue du voyage, la surexcitation morale à laquelle était en proie Eyraud depuis quelques jours, pouvaient singulièrement le servir. A peine laissa-t-il le temps au prisonnier de prendre un peu de repos, puis il donna l'ordre de le faire comparaître.

La conversation ne fut pas longue.

— Eh bien, oui, c'est moi !

Eyraud avait avoué, c'était un grand pas de fait pour l'instruction, qui n'a plus maintenant qu'à établir les responsabilités respectives de Michel Eyraud et de Gabrielle Bompard.

Nous arrêterons là les *Mémoires secrets de Michel Eyraud*, nous réservant de conter à nos lecteurs les incidents curieux qui surgiront dans l'instruction, ainsi qu'au procès. Peut-être la sagacité des magistrats découvrira-t-elle l'HOMME BLOND, peut-être.... mais nous ne saurions rien ajouter de plus sans entraver l'action de la justice. Nous attendrons donc, avant de renseigner le lecteur plus complètement.

FIN.

TABLE DES MATIÈRES

Maisons-Laffitte — Imprimerie J. Lucotte

www.ingramcontent.com/pod-product-compliance
Ingram Content Group UK Ltd.
Pitfield, Milton Keynes, MK11 3LW, UK
UKHW021104270726
13993UKWH00006B/913